JN408982

서방바위와
각시바위의
천년사랑

| 제21회 문학세계문학상 명상시 우수작품상 수상집 |

서방바위와 각시바위의 천년사랑

| 무심스님 시집 |

천년배필을 만나고 싶으면

천년사랑바위에 기도드리길...

● 시인의 말

가을이 깊어가고 있습니다.
살아온 날들이 주마등처럼 스쳐 지나갑니다.
지난날 산사에서 용맹정진 하던 때가 저에게는 시를 쓰게 된 계기가 되었습니다.
추위와 더위 모든 악조건을 극복하고 부처님의 제자로서
수행자로서 살았던 제가 평소에 동경했던 시인이 되리라고는
꿈에도 생각하지 못했었습니다.
자연이 숨 쉬는 공기와 눈이 오는 날 흰 백설의 눈꽃을 보면서
선정에 든 날이 많았습니다.
특히, 겨울 동안거 기도는 혹독한 추위와 싸워야 했고
장작불 지피면서 추위를 이겨내야 했습니다.
많은 어려움이 있었지만 그것을 극복하고 시로써 제 수행의
흔적들을 글로 표현하니 제 마음이 즐겁고 행복합니다.
시인 당선증 받던 날, 기쁨이 많았지만 시인의 무게감도
크게 느꼈습니다.
부처님의 제자로, 수행자로 오랜 세월 살아온 나에게는
시는 또 한편의 부처님의 대기설법입니다.
중생들이 많이 읽어주시길 간절히 소망합니다.
앞으로 저는 부처님의 제자로, 시인으로 중생구제 하면서
시와 동행하겠습니다.
감사드립니다.

— 산사에서

제1부

아름다운 동행

● 시인의 말

제2부

천년사랑

제3부

마음의 꽃

제4부

상사화

제5부

천명의 인연

제 1 부

아름다운 동행

각시바위

서방님을 기다리다
천년의 세월이 흘렀습니다

돌이 되어버린 각시바위
천년의 사랑

각시바위
서방바위

서로 너무 너무 그리워서
꼭 안고 바위가 되었네요

비응도

파도가 철썩철썩
파도 소리에 내 몸을 맡겨본다

파도가 나에게 속삭인다
더 이상 마음고생 하지 말고

힘차게 살으라고
파도가 나에게 말한다

아름다운 동행

아름다운 동행 길에
귀인을 만났다
후광에 빛이 났다

백마 탄 왕자님처럼
내 앞에 나타난 그분

둘이 같이
아름다운 길을 걸었다

기적

살아있는 것은 기적이다
아침에 눈을 뜨고

밤에 눈을 감고
자는 것이 기적이다

우리네 인생
모든 것이 기적 같은 삶이다

기적 같은 삶 속에 보석 같은
하루가 주어졌다

하루하루 행복을 밝히면서
힘찬 삶을 살아가자

꽃차

봄이 오는 길목에서
고운님이 정성껏 다려주신
꽃차

향기로움이 온몸에 감싸 돌아
내 몸에 꽃의 향기가
스며듭니다

고운님 꽃의 향기에
이슬이 맺힙니다

봄 향기가 밤이슬처럼
내 마음속에
포근히 감싸 돕니다

논개

붉은 영혼이여
이 땅에 와서
나라를 위해 목숨 바친 논개님이시여

진주 남강 귀퉁이 바위에서
왜장과 같이 한 몸 되어
낙화하신 논개님이시여

아! 그립습니다
대한민국 이 땅에 다시 오셔서
시국이 어려울 때 나투셔서

평화가 가득한 나라로
모든 것이 안전한 나라로
다시 새 몸 받아
제발 다시 오소서

목성과 금성의 만남

서쪽하늘의 아름다운 별
목성과 금성이 서로 만난 날
우주의 신비로움을 체험하는 날

서쪽하늘에서 목성이 다가오면서
금성을 부르니 서로 만나니
이 얼마나 환희로운가!

우리네 인생도 별들과 같습니다
찰나에 왔다가
찰나에 사라진 별

별처럼 아름답게 살다가 가리라
밤하늘의 별을 보면서
사색에 잠겨봅니다

홍매화

향기로움을 품은 홍매화
홍매화 속에서 어머니의 모습이
떠오릅니다

어린 시절 고무신 들고 있고
법당에 들어가셔서 백팔염주 목에 두르시고
백팔 배 절하시는 나의 어머니

그때 제가 물어 보았어요
어머니 왜 절을 하세요
어머님의 대답은 간단했어요

자식을 위해서 수명장수를
부처님 전에 빌고 계신다고 하셨습니다
마음이 고우신 어머니

자식들 위해서 희생만 하신 어머니
무척이나 많이 아껴주신 나의 사랑하는 어머니
오늘따라 많이 어머니가 너무 그립습니다

꽃망울이 이슬을 머금은 것처럼
저도 오늘 새롭게 하루를
시작하겠습니다
고운 하루 행복하신 하루 지내시기 바랍니다

산수유

노란 꽃망울 터뜨리면
수줍은 새색시마냥
화사한 봄을 알립니다

황금색 꽃망울을 보니
자연의 흐름 인간의 흥망성쇠가
꽃 속에 다 있는 것 같습니다

황금 산수유가
모든 복을
부르는 것 같습니다

독수리

높이 높이 힘차게 날아올라라
내 꿈을 향해서
힘차게 날아올라라

온몸 바쳐
열정을 향해서
힘차게 날아라

세상을 멀리 보아라

세상의 모든 번뇌와 묵은 때를
벗어 버리고 멀리 멀리 날아라

희망찬 미래를 향해서
날아올라라

모든 영광을 가슴에 싣고
힘차게 더 높이 더 멀리 더 깊게

세상을 향해서 날아올라라
높이 떠서 멀리 날아라

사랑길

사랑길 80리 걸었네
청계천 두 손 마주 잡고
걸어가고 있네

청계천 길에 청혼 벽 있고
많은 젊은 남녀들이
밤의 야경 속에

하트를 날리면서
아름다운 사랑의
서약식을 하였네

비둘기 오리 원앙들이
청춘남녀의 사랑을
축하해주고 있네

이 땅의 젊은 청춘들아
어서 어서 사랑의 서약하면서

아름다운 가정 이루고
행복한 비둘기 부부 되어 보렴

연분홍 장미

연분홍 장미 그대여
고고한 자태로 미모로
많은 이들의 가슴을 설레이게 하네

사랑이라는 미명 아래
슬픔과 아픔이 교차하는
많은 연인들에게

무수히 많은 사랑을 받고
사랑의 세레나데 전하는 그대

그대의 아름다운 자태는
많은 연인들의 사랑을
한 몸에 받는구나

행복

행복은 다듬어지지 않는 원석
행복은 퍼도 퍼도 마르지 않는
사랑의 샘물

행복은 봄날에 꽃망울 퍼지듯
아름답게 피는 꽃

보아도 보아도 계속 보고 싶은 그리움
행복은 쌍화차처럼 은은하면서
보약 같은 존재

행복은 꿀처럼 달콤하고
보약처럼 살짝 와서
내 몸에 포근히 스며드는 바람

행복은 내 생애 최고의 아름다움
봄날의 봄볕처럼
포근히 다가오는 사랑

하트 꽃

천 년 만에 피운 꽃
사랑의 꽃

누가 씨를 뿌렸나
사랑의 꽃

사랑이 만발한 꽃밭
하늘에서 꽃씨가 내려와서
사랑의 꽃밭을 만들었네

선녀들이 호호낙락하면서
웃음꽃을 피우는 하트 꽃

아!
여기가 지상낙원이구나

사랑문

해를 품은 마음으로
사랑문을 향해 천천히 걸었다

사랑문이 천천히 열렸다
천년의 사랑 맹세를 하면서
사랑문을 통과하였다

전생에 못 다한 사랑을
이생에 와서 사랑문을 통과하면서
풀었다

사랑의 맹세는 굳건하고 단단하다
이룰 수 없는 사랑이라

애달지 말고
두 손 꼭 잡고 천천히 길을 걸어 가보자

머나먼 섬 진도

머나먼 섬 진도
잠시 해변을 산책하다가
혼자 사색에 잠긴다

저 떠오르는 아름다운 해를 보면서
앞날을 멋있게 설계해 본다

저 먼 바다에 내 인생의 돛단배가
둘이 항해를 하면서 노를 젓는다

저 멀리 이순신 장군의 우렁찬 음성
큰 소리로 왜적을 격침시킨

이순신 장군의 혼이 서린 기가 막힌
아름다운 섬

역사에 길이 남을 섬 진도
영원하라 진도 앞바다여!

사랑의 불씨

사랑의 불길이 훨훨 타오르고 있다
어느 날 불씨가 소리 없이 꺼져가고
사랑하는 님은 오늘도 소식이 없네

사랑병이 깊어지면 병이 난다
사랑병을 앓고 난 뒤 후유증이
깊어지네

사랑이 식어지면 삶이
무미건조해진다
사랑의 불씨가 타오를 때
깊은 사랑을 나누어야 하네

오늘도 사랑하는 님을
하염없이 기다리며
먼 산만을 바라본다

장충단 공원

낙숫물 떨어지는 소리에
내 고요한 마음의 빗장이
열린다

인생의 가을은 지금이다
장충단 공원을 걸으면서
가을의 정취를 만끽한다

서울의 하루는 너무 빠르게
흘러간다
너무도 걷고 싶은 장충단 공원

동국대학교 옆에 있어도
내 마음이 열리지 않을 때는
걷지 못한 호젓한 숲길

새들과 동무하며
힘차게 한적한 숲길을 걷는다
오늘이 영원할 것처럼
몸과 마음을 힐링해 본다

AIR FORCE
무심스님

제2부

천년사랑

천년사랑

서방바위와 각시바위는 오랜 세월
서로 떨어져 그리워하다가
천년 만에 다시 만났네

천년 만에 다시 만난 서방바위
각시바위는 전생에 너무 사랑해서

이생에 다시 만나 영혼사랑
서약식을 하였네

서방님과 각시님의 일편단심
영혼사랑 사랑문을 통과하면서

부처님 전 허락 하에 영혼의 사랑
서약을 하였네

서방님과 각시님이 사랑길을
걸으면서 천년사랑 탄생했네

사랑의 보금자리

사랑의 보금자리
새처럼 둥지를 튼 우리 둘의 보금자리

아늑한 보금자리
새들의 안식처 나의 보금자리

영혼이 잠시 머물다
다시 돌아오는 나의 보금자리
영혼과 영혼이 맺어준 귀한 보금자리

포근하고 아늑한 천하의 명당
이곳에서 영원히 새처럼
훨훨 날면서 행복을 만끽하리라

님

님이시여 님이시여
나를 사랑하는 님이시여

산삼의 영약을 주신 님이시여
아프고 힘들 때 보내주신
산삼뿌리

님의 마음 산삼에 다 들어 있어라
나의 깊은 심미안에 님의 마음
들어있네

시름시름 아플 때 영약 주신
나의 님이시여

산삼보다 귀한 님이시여
언제 어디서나 님의 마음
깊게 새기리라

하늘의 꽃

하늘의 꽃 부모님 꽃이
피었습니다

하늘에서 내려다보신 부모님
나를 무지 아껴주신 부모님

하늘에서 꽃이 피어
저를 내려다보고 있습니다

어머니 나의 정신적 지주이신
어머니

나의 길을 항상 올곧게 가라고 하신
어머니

부드럽고 자비로운 신
어머니

오늘은 어버이날
부모님이 무척 그립습니다

하늘에서 행복하게 사시는
부모님을 생각해 봅니다

망고

달콤한 망고
보고 있어도 군침 도는 망고

사랑이 꽃피는 망고
서로의 눈빛에 취한 사랑의 망고

아이스크림 망고처럼
우리의 사랑도 익어가네

당신과의 사랑은
망고입니다

감미롭고 애틋한 사랑
그러나 결코 성급하지 않은 사랑

편안한 사랑
감미로운 우리 둘의 사랑

이십 대도 부럽지 않은
달콤한 사랑

천천히 천천히 한 계단 밟고 가는
아름다운 사랑

망고처럼 달콤한 사랑
이어가고 싶네요

연등

형형색색의 아름다운 연등
아름다운 연등이 연꽃처럼
화사하게 도량에 피어 있네요

행복한 도반과 동행하는
부처님 오신 날
환희와 희망이 넘칩니다

소원성취 연등 속에
나의 도반 얼굴이 연꽃처럼
떠오릅니다

진흙탕 속에 피어있는 연꽃처럼
나의 사랑도 화사하게
피어오릅니다

연잎 말아 연등 공양 부처님 전에
올리고 소원 성취하는 하루 되시기
바랍니다

사랑의 샘물

내 마음속에는 깊은 사랑의
샘물이 있습니다

샘물처럼 퍼도 퍼도 마르지 않는
사랑의 샘물이 있습니다

퍼도 퍼도 마르지 않는 사랑의 샘물
샘물은 당신과 나의 사랑입니다

남들이 부러워서 감히 들여다볼 수
없는 깊은 사랑의 우물입니다

내 마음속에는 두레박이 있습니다
두레박을 자유자재로 퍼서
들어 올릴 수 있는 힘이 있습니다

두레박 속에 자유롭게
사랑의 샘물을 퍼서 올릴 수 있는
사랑의 힘이 있습니다

사랑의 나무

우리의 사랑 정원에는 사랑의 나무와
사랑의 꽃들이 피어 있습니다

당신은 버팀목 되어주신
나의 사랑의 나무입니다

당신은 나에게 물을 주는
나의 사랑의 나무입니다

당신의 사랑의 물로 제 사랑의
꽃은 쑥쑥 자랍니다

당신과 나의 사랑 정원은 꽃들로
가득 차 있습니다

사랑의 꽃밭은 당신이 물을 주시어
더욱 사랑의 기운 받아서
예쁘게 성장합니다

노란 꽃 분홍 꽃 붉은 꽃
우리 사랑 정원에는 오늘도
무수히 아름다운 꽃들이
춤추듯 피어납니다

호국영령님이시여

호국영령님이시여
피와 땀 총으로 나라를 지켜주신
순국선열이시여

대한민국 이 땅의 모든 국민들이
호국영령님의 희생정신으로
평화롭게 하루하루 살아가고 있습니다

이 땅에 목숨 바친 호국영령님이시여
한줌의 흙으로 돌아오신
호국영령님이시여

넋이여 넋이여
슬프도다 슬프도다
아직 꽃도 피우지 못하고
총과 포탄으로 쓰러진 꽃다운
청춘이여

현충원에 모신 넋이여
고이 잠드소서
우리 대한민국을 지켜주신
순결한 영혼이시여
차디찬 바다 위에서 한줌 흙이 되신
젊은 영혼이시여

꽃다운 청춘 누려보지도 못하고
그리운 부모형제를 뒤로 하고
산화하신 영웅들이시여
왕생극락 발원 드립니다

천광

하늘이시여 하늘이시여
빛을 주신 하늘이시여

찰나 만에 하늘의 빛을 보니
온몸에 전율이 느껴집니다

사랑스러운 새들의 속삭임이
들리고
아름다운 천상의 음악소리가
들립니다

새들의 소리는 당신을
부르는 소리인 것 같습니다

하늘의 빛은 당신의 빛입니다
당신은 이 빛을 가지고
나에게 오셨습니다

천년의 노을

천년의 노을이여
지는 노을은 태양을 머금고 잠시 지지만

떠오르는 아침 해는 크게 기운을 뿜고
대한민국을 밝힙니다

이 땅에 다시 오신 천년의 노을이여
대한민국이여 유구하라

떠오르는 태양이여
빛을 발하고 힘을 실어라

천리에 만리에 환희 떠오르는
태양처럼 빛이 나라

이름 나라
대한민국이여 영원하라

중년의 사랑

중년의 사랑은 앵두같이 진한
사랑입니다
탐스러운 앵두 같은 사랑입니다

중년의 사랑은 요란하지 않으며
품위 있고 초콜릿처럼 달콤합니다
중년의 사랑은 중후한 사랑입니다

중년의 사랑은 고귀한 사랑입니다
중년의 사랑은 은은하면서
여유로운 사랑입니다

중년의 사랑은 녹음이 우거진
산사의 청량한 바람 같은 사랑입니다

중년의 사랑은 보금자리 같은
편안한 사랑입니다

중년의 사랑은 진하고
깊은 바다 같은 사랑입니다

사랑 담은 커피

따뜻한 커피 한 잔에
서로의 마음을 녹인다
서로의 눈빛에 사랑이 익는다

헤이즐넛 커피는 사랑의 커피다
마시면 고운 향기가 난다

향기 가득한 커피에
몸과 마음이 녹아내린다

커피 한 잔의 여유로운 음악
조용한 찻잔에 당신의 미소가
떠오른다

분홍색 장미와 황금색 찻잔에
당신의 커피를 담는다
커피는 당신의 마음이다

어머니

기억 저편 아득한 어린 시절
여름이면 어머니가 끓여주신 맛있는 된장국
국물 맛이 정말 일품입니다

호박 송송 썰어 넣어 맛있는 된장국
끓여주신 어머니
갈치국도 호박 송송 고추가루 넣고
맛있게 끓여주신 어머니

여름철 이맘때가 되면 어머니의
손맛이 그리워집니다
어머니는 훌륭한 요리사입니다

주방에만 들어가시면
훌륭한 요리가 탄생됩니다
아버지께서 좋아하신 꼬막무침
조기구이 굴깍두기 김치

부모님이 계시는 고향집
언제나 포근함이 묻어납니다
고향집 생각하면 부모님의 다정한
비둘기 부부의 모습이 그려집니다

부모님은 언제나 천생연분
화목한 우리집 항상 웃음꽃이
피어났습니다

대가족이 모인 오래전의 아름다운
고향집 우리집이 그리워집니다

강감찬 장군님

갑옷 입고 투구 쓰고 말 달리던
고려의 대장군 강감찬 장군님
적진을 향해 힘차게 포효하는
용감한 장군님

불의와 싸워서 절대 타협하지 말라고
엄명하신 장군님
수많은 적들을 물리치고
언제나 겸손해 하신 장군님

장군님의 공적이 헛되지 않도록
용맹스런 장군님의 업적을 펼칠 수 있는
의로운 군인들이
많이 배출되게 하옵소서

강감찬 장군님의 나라 사랑하는
훌륭한 기상과 기백을 닮은 영웅들이
이 땅에 나투시길
간절히 염원하오며

70여 년간 남북으로 분단된
대한민국이 하나로 화합하고
평화롭게 통합되어
자유통일이 이룩되길 장군님 전에
간곡히 축원하고 발원 드리옵니다

서방바위

바스락 낙엽소리 나는
산사의 소통 길을 올라가면
맨 처음 앞에 우뚝 서 있는 서방바위

청정한 산사 입구에 들어서면
서방바위가 각시바위를
반갑게 맞아주네

사랑하는 각시님을 천년 동안
떨어져 지낸 오랜 세월
한이 맺혀 풀 수도 없는
고비를 맞이했었네

새로운 새날 서로 다시 만나
회포를 푸니
얼마나 환희로운가

우아한 각시바위님
서방바위가 각시님을
깊게 포옹하네

애틋하고 아름다운 서방바위와
각시바위님께 기도드리면
서로 백년가약을 맺고
영원히 천년을 갈 수 있다네

이 땅의 젊은 청춘들아!

더 이상 사랑에 고민하지 말고
아름다운 동행 천년배필을 만나고 싶으면
천년사랑바위에 오셔서 기도드리길 간절히 바라옵니다

천년사랑의 반지

천년사랑의 반지는 절대적인 사랑의
징표이며 50년간 함께했던
영혼과 같은 존재

높은 곳으로 나를 인도하는
사랑의 반려자

천년사랑의 반지는 소박하고 진실하며
행운을 가져다주는
튼튼한 사랑의 동아줄

나를 안전하게 보호하는
사랑의 수호자

천년사랑의 반지는
부처님 전 영혼서약으로
맺어진 천년 사랑의 결정체

천년사랑길로 우리를 이끌어주는
기적을 만드는 사랑의 인도자

돌고 도는 인생길

한 고비 넘기면 또 한 고비
우리네 인생은 돌고 돌아가는 길
끝없는 고뇌와 희로애락
속에 사는 우리들

오늘 이 길은 험난한 고행길
삶이 이렇게 고단한 줄
난생 처음 알았네

당신과 같이 가는
천년사랑 인생길은 굽이굽이
험난한 가시밭길

나도 꽃길을 가고 싶다
고행의 끝은 어디일까
마음의 모든 번뇌를 벗어버리고
내 인생의 진리를 찾아가고 싶다

제 3 부

마음의 꽃

저 하늘의 큰 별

별과 달이 만나는 밤
달은 수줍은 듯 우아하게 웃고
별은 당신 닮아서 영롱하게 빛납니다

달과 별의 만남은 우리 둘의 만남
매일매일 한 번씩 이루어지니
그 만남은 열정적입니다

별은 길을 안내해주는
밝게 빛나는 인도자
별이 나를 내려다봅니다

높이 높이 떠있는 저 큰 별은 당신의 별
한옥마을 하늘 높은 곳에서
나를 보호하는 수호자입니다

으뜸 중의 으뜸 큰 별이시여
훌륭한 큰 별 영웅 되시길
하늘님께 비옵니다

연꽃

연잎 속에 꽃이 피어나듯
내 마음속에서도 꽃이 피어 있네

연꽃이 피어나는 진흙탕처럼
내 마음이 온통 진흙탕이 될 때도 있네

내가 내뱉은 말이 상대에게 가시 되듯
이내 마음속에도 진흙탕의 마음이
들어 있네

연잎이 좋아 연꽃의 마음 닮아가듯
인생의 쓴맛 단맛 다 지나며
벌써 중년의 세월이 지나가네

무심의 마음으로 무심의 세월
인생은 그렇게 흘러가길 바랍니다

빗물

빗물이 차창 밖에 흘러내린다
빗물은 눈물이다

주르륵주르륵 내리는 빗물
빗물을 보며 젊은 시절
수행의 흔적들이 생각난다

산사에서 용맹 정진한 내 인생
고행의 끝은 어디일까
지난날 토굴 수행이 문득
스쳐 지나간다

십 년의 무문관 선정에 드니
십 년이 하루처럼 느끼면서
수행 정진하였다
내 인생에 남길 것은 무엇인가

토굴의 아름다운 병풍바위
서방바위 각시바위
생명을 살리는 약숫물 아름답다
신선처럼 살다가 신선처럼 가리라

무심명상센터

무심의 호는 마음이 없네
무심의 호는 중생 구제하라는
큰스님이 지어주신 법호이네

마음을 열고 마음을 비우니
지금 이 자리가 무심의 경지로다

무심명상센터는 마음이 아픈 사람
병고 중생들이 쉬어갈 수 있는 곳
마음을 힐링하고 명상을 하면서
나를 발견할 수 있는 곳

마음을 비우면서 참나를 찾는 수행처
죽어가는 수많은 중생들의 의지처
명상하면서 나를 구원하는 기도처

무심의 마음이 열릴 때
전주 한옥마을의 무심명상센터는
빛을 발할 것이네

약천사 장군바위

약천사에는 장군을 닮은
우뚝 솟은 장군바위가 있네

장군님의 기상을 닮은 장군바위
한 가지 소원을 들어주는 장군바위

장군바위에 기도하면
병마에 시달리는
수많은 사람들이 쾌유되었네

장군님의 바위에 기도하니
장군님의 밥상바위가
어느 날 하늘에서 쿵하고 떨어졌네

우람하고 멋있는
장군님의 밥상바위

기도하고 공들이니
귀인들이 많이 찾아와서
약천사 도량이 나날이 번창하였네

토굴수행

토굴수행은 최고의 고난도 수행
습한 곳에서 여름이면 나타나는
지네보살
목숨을 내걸고 하는 고행정진

문이 없는 무문관 수행
철저한 계율과 법규를 준수하며
수행하는 용맹정진

수행정진 중에 죽을 고비
몇 번 넘기고
수행의 문을 통과하니

첫 번째 관문은 슬픔이다
이겨내야 한다
두 번째 관문은 환희가 오고
세 번째 관문 통과하며
선정에 들게 된다

관법을 오래하면
맑은 물에 물고기가 노니는 것처럼
바닥이 훤히 보인다

깨달음이 깊어지면 도통을 하게 되고
도를 통하면 비로소
중생구제를 할 수 있게 된다

아버지

아버지를 부르면 눈물부터 난다
어릴 적 나를 무척 예뻐해 주신 아버지

자전거 뒤에 태우고 우리 공주 공주 하시면서
귀히 사랑 주신 아버지

그립습니다
그립습니다
우리 아버지가 그립습니다

구 공주의 일곱 번째 딸 칠 공주 나를
엄청 예뻐해 주신 아버지
손과 발이 트도록 자식을 위해
희생하신 아버지

하늘나라 가시는 길에 보내드리고
얼마나 눈물을 흘렸는지
산사에 오셔서 부처님 전
마지막 기도하고 떠나가신
불심 깊은 아버지

나의 존경하는 아버지
구십구 세 천수를 누리시고
하늘나라로 승천하신 아버지

사랑하는 나의 아버지
하늘나라에서 무심을 지켜주시는
훌륭하신 아버지

이 은혜를 어떻게 갚아야 할지
존경하옵니다
우리 아버지

아버지 유지를 이어받아
어려운 중생들을 구제하면서
영원히 지혜롭게 세상을 헤쳐 나가리라
굳게 마음을 다짐해 봅니다

하늘의 문

하늘에서 빛이 들어왔다
하늘의 빛은 선녀들이 하강하는
모습이다

하늘의 문은 감히 범접할 수 없는
고차원의 높은 경지이다

하늘의 빛은 중생 구제하라고
천인들이 내려주신 빛이다

하늘의 기운을 받아서
인간중생 만중생을 구제하고

풍요로움 가득하고
경사스러운 일이 많아라며

하늘의 문을 활짝 열어놓고
하늘빛을 내려주셨다

마음의 꽃

꽃이 피네 꽃이 피네
마음에 꽃이 피네

피는 꽃을 자세히 보아라
꽃은 나에게 어떤 존재인가

이내 마음에 꽃이 피어
이내 몸이 꽃이 되네

꽃을 보면서 꽃을 생각하고
꽃에게 말을 걸어 보아라

꽃이 좋아 꽃의 마음을 닮아가듯
내 인생도 하루하루 꽃이 피듯

꽃처럼 아름답게 가꾸면서
무심으로 살아가련다

포교당 핑크빛 부처님

부처님이 빛으로 오셨다
핑크빛 부처님으로 나투셨다
부처님으로 나투신 모습은
중생구제를 원력으로 나투신 부처님의
모습이다

약천사 포교당은 부처님이 나투시는
신비롭고 아름다운 도량
부처님이 오시는 날은 핑크빛이 나타난다

한옥마을 포교당 법당에서 기도하면
한 가지 소원은 이루어진다
수능합격 취업성취 직장승진 사업번창
병고치유 영가천도 소원이 성취된다

법당에서 기도하면 마음의 번뇌가
씻은 듯이 없어지고
몸과 마음이 힐링되며 병고도 치유 쾌차한다

불보살님의 가피를 얻어
중생 구제하는 도량 약천사 법당은
향기가 나고 마음의 평화를 얻을 수 있는
도량이다

목련꽃

하이얀 속살 드러내놓고
웃는 그대여

그대 몸짓에 나는 웃음꽃 피고
그대 모습에 내 마음은
하얗게 변해가고 있네

내 가슴속에 남아있는 그대
그대가 나를 얼마나 사모하였는지
나는 안다오

나는 그대를 볼 때마다
눈물부터 나는데
눈물이 폭포처럼 끊임없이 쏟아지네

당신의 마음

당신의 마음은 깊은 사랑의 마음
천년의 심오한 사랑을 담은 마음이며
천년 사랑의 마음이 당신의 마음입니다

오늘 나에게 달려온 당신의 진실한
마음 깊은 사랑의 마음이 당신의 마음이며
눈물 나게 슬픈 마음이
당신의 마음입니다

그리워서 몸부림치는 마음이 당신의
마음이며 당장 달려가서 안기고
싶은 게 당신의 마음입니다

사랑은 이런 것인가 봅니다
당신의 마음이 바로 나의 마음이고
나의 마음이 바로 당신의 마음입니다

연평도

연평도 가는 길은 멀고도 험난한 길
연평도의 살랑살랑 바닷바람이
시원하고 상쾌하다

팔각정에서 바라본 떠오르는
환상적인 태양은 내 마음을
분홍빛으로 물들인다

사랑과 행운이 넘치는 섬
이루지 못한 사랑에 밤이 새도록
연인을 기다리며 그리워하는 연평도

사랑하는 가족들과 밤을 지새우며
오손도손 행복을 만끽하는
천혜의 요충지 연평도

하늘이 베푼 은혜의 자연을 갖춘 섬
이곳에서 힐링하면 마음의 문이 열리고
몸과 마음이 치유되는 아름다운 연평도

다정한 연인들을 만들어가는
아름다운 섬 연평도에서
행복과 그리움이 샘솟는다

광복절

부서지는 폭포의 포말소리 들으며
나라를 위해 대한독립 만세를 외치신
순국선열들의 애국심과 희생정신이
떠오르는 광복절

거리마다 대한독립 만세소리
울려 퍼지며 순국하신 애국선열들의
피맺힌 함성이 들려오네

역사의 뒤안길에서 온갖 국난을
겪으며 고난의 시대를 걸어온
대한민국이여 새롭게 태동하라

자랑스러운 대한의 아들딸들아

다시 대동단결하여 대한민국을
세계에 알리고 위상을 높여서
생동하는 글로벌 중추국가로
우뚝 세우라

대한민국이여 영원하라!

천년의 보배

나의 사랑 나의 님
그리워서 밤을 하얗게 지새우고
서로 가슴앓이 하는 님이시여

천년보배 당신을 깊이 사랑해요
몸은 비록 떨어져 있지만
마음은 항상 님 곁에 있네

수없이 되뇌어도 또 하고 싶은 말
수천수만 번을 불러도 그리움의 씨는
없어지지 않을 것 같아요

사랑하는 님이시여

가슴 아파하지 마세요
하루가 또 지나면
당신을 만날 날이 가까워져 와요

고마운 당신 은혜로운 당신
항상 옆에서
당신을 응원합니다

천년숲길

아름다운 천년의 숲길
서방바위 각시바위 마주보며 천년을
기다렸네

서방바위 각시바위 마주보면서
서로 깊은 사랑을 속삭이었네

서방바위 각시바위 쳐다보고 걸으면
천년 사랑의 길이 열리네

천년숲길 걸으면 목탁소리 청아하게
들리고 산새소리 지저귀는
상쾌한 숲길이네

산사에 오르는 길에 쌍둥이 폭포가
시원하고 임금님 의자바위도
나를 환영하네

서방바위 각시바위 너무너무
사랑해서 바위 속에서 환생하였네

천년숲길 아름다운 천년 사랑길
영원히 아름답게 가꾸면서
수행정진 하리라 굳게 다짐합니다

약천사 황토방

세속에 찌든 몸과 마음을
치료하고 기도드리는
약천사 황토방

오랜 세월 기도정진하면서
꿈꾸고 짓고 싶던
나의 아방궁

나에게는 둘도 없는 멋진 황토방
아궁이 불 지피면서 지친 몸과
마음을 힐링해 본다

세속에서 찌든 때와 묵은
마음의 번뇌를 황토방에서
치유한다

멍한 마음 불멍하면서
모든 잡념을 내려놓고
기도해 본다

나의 멋있는 황토방
나의 보금자리
부처님이 계시는 아늑한
부모님의 고향 같은 황토방

약천사 황토방에서
영원히 행복한 생을
살고 싶다

깊어가는 가을날의 애상

가을이 깊어가고 있다
붉게 물든 가을이 들려주는
바스락 바스락거리는 낙엽소리

노란 은행잎 길을 걷고 싶다
빈 뜰에 나뒹구는 낙엽에
눈이 간다

낙엽 길 밟으면서 하하 호호
웃으면서 천변 길 걷던 추억이
새록새록 떠오른다

가을이 깊어가듯
마음의 병도
깊어지는 것 같다

지독한 사랑병
그리움에 눈이 아프고
괴로움에 발이 아픈 사랑병

만나야 낫는 가을 사랑병
이 가을엔 너무나 혹독한
겨울 채비를 하는 것 같다

제4부

상사화

비둘기 부부

언제나 기쁨이 넘치고 자비로운
비둘기

하얀색 비둘기는 봉사와 사랑
희망을 상징하네

하얀색 비둘기는 원앙의 부부와 같아
서로 사랑하면서 꼭 붙어 다니는 부부
나도 그런 부부가 부럽다

사랑에 취하고 그리움에 취하고
서로의 눈빛에 취한 부부
부부는 그렇게 살아야 한다

항상 사랑하여 그리워하고
애틋하여 떨어질 수 없는 존재
그들이 바로 비둘기 부부라네

경기전

그립고 사랑하는 님과 같이
두 손 잡고 경기전에 들러
이성계 태조왕님을 참배하던 날
환희롭고 경건하며 행복하였네

이성계 태조왕님이 우리 둘을
마중 나와 손을 잡아주듯이
그윽하고 평안한 분위기였네

자애롭고 근엄하신 임금님의 어진을
봉안하고 계시는 어용전
두 손 마주잡고 영정 앞에 도착하여
묵념하며 빌어보네

대한민국의 무궁한 발전과
국태민안을 기원하고 축원 드렸네

길옆 뜰 안 나무는 왕의 숲 나무처럼
아름답고 근엄하게 우리 둘을
맞아주네
조선 왕조의 깊은 울림을 느끼면서

좋은 추억 많이 쌓고
신비로운 숲길 아름다운 눈빛으로
서로의 마음을 주고받았네

조선 왕조 오백 년 되돌아보면서
우리 후손들에게 남겨준 것이
무엇인지 깊이 생각하는
뜻 깊은 하루였습니다

칠월칠석

견우와 직녀가 만나는 칠월칠석
우리 둘의 만남도 오늘
이루어지면 좋겠네

먼 거리 그리움만 안고
서로를 애틋하게 생각하며
하루를 보내고 있네

은하수에 만든 오작교를 건너듯이
무지개다리 넘어
당신과 나도 만나고 싶네

사랑하는 우리 둘이 만나고 싶어도
못 만나 애태우는 연인들을 생각하며
오늘도 깊은 상심에 잠기는 하루네요

많은 날 기다리고 기다렸지만
오늘 또 못 만나고 다음을 기약하니
얼마나 슬프고 가슴 아픈 일인가

이제 밝은 하늘빛이 내려오니
그리움 접고 날개 펼치면서
재회의 날을 기대해 봅니다

아름다운 서울의 밤

그리운 님을 만나기 위해
그토록 힘들게 서울에 올라와서
사랑하는 님을 만나 행복했네

님을 만나 기쁨 가득했고
님이 떠난 뒤 눈물 흘렸으나
이토록 아름다운 재회는 없었네

우리 둘의 사랑은 핑크빛 사랑
서울의 밤하늘을 홀로 내다보니
핑크빛 하늘이 우리 둘의 사랑을
축복해 주듯 화려하네

수많은 나날 그리워도
만나지 못했지만
밤하늘이 우리 둘의 사랑을
축복해주니 너무도 환희롭네

적막한 서울의 밤 외롭지 말라고
밤하늘에 사랑을 수놓은 핑크빛
사랑은 어렵지만 행복의 샘물처럼
달콤하네

아름답게 사랑하며 살고 싶고
사랑하면서 멋진 인생을 보내고
싶다고 밤하늘 핑크빛 천신에게
고하고 싶네

달빛 광명

파란 달빛 광명이시여
달빛 속에 머금은 파란 광명이시여

환희로움의 물결 속에
환희 드러낸 달빛 광명이시여

파란 광명은 별님의 광명이시고
달님의 광명이십니다

우주의 기운을 품고 천지조화를
일으키시는 파란 광명이시여

아름다운 달님과 파란 광명을 보면서
중생구제 잘 하고 대한민국의
무궁한 발전을 기원해 본다

하조대

동해 바다의 확 트인 전망은
내 마음처럼 넓고 잔잔하며
평화롭다

높은 기암절벽 위에
걸터앉은 소나무 아래에
구름이 두둥실 떠있고

신선이 하강하듯 내 마음도
구름 위를 거닐고 있네

신선이 놀다가 갈 만큼
아름다운 육각정자와 소나무 숲

신선이 지상에 놀이터를
만들어 놓은 것 같네

우리네 인생도 서두르지 말고
유유자적하는 바다를
닮았으면 좋겠네

별님과 달님의 사랑 이야기

별님은 달님이 사랑하는
당신입니다
당신은 영롱한 큰별입니다

나는 당신의 샘물을 먹는 달님
큰별 당신은 달님을 높은 곳으로
이끌어 주는 인도자

달님은 당신의 영원한 선녀
당신은 선녀를 지켜주고
보호해 주는 수호자

별님 같은 당신은 빛나는 나의 큰별
영원히 존경하고 사랑하는
내 인생의 반려자

오늘도 밤하늘의 영롱한 큰별
당신을 생각하며
보랏빛 꿈을 설계해 봅니다

노산치

내 젊은 시절 이곳에서
수도하고 나이 들어 산전수전
다 겪은 노산치

노산치는 벼슬하는 산
옛날부터 박사 교수 판검사님
무수히 배출한 명당 터

깊은 산사 맑은 샘물
몸이 좋아 건강하고

병고중생 치료하여
모두 다 쾌차시켜 주네

만복사 쌍둥이 부처님

신라 천 년의 고찰 만복사
새벽 공기 마시며 예불과 명상으로
하루를 열어본다

고즈넉한 만복사의 부처님
앞에는 미륵존불
뒤쪽은 약사여래불

나라에 큰일 있을 때
땀 흘리시는 미륵존불
천일기도 드리며 부처님의
땀 흘리시는 모습 보았네

금오신화의 만복사 저포기
애절한 영혼 사랑이 움튼 곳
연인들의 사랑이 이루어지고
병고중생들이 치유되는 도량

신라시대 향 내음이 배어있는
천 년의 기운이 응집된 만복사여
이 세상에 그 아름다운 자태를
밝혀 주소서

약천사 거북바위

약천사에는 신령스러운 거북바위가
있다
이 세상에서 볼 수 없는 희귀한 바위
우리 산사의 이름난 명소 거북바위

거북바위에 기도드리면 소원성취가
이루어져 사업번창 무병장수
안과태평 만사형통하게 되네

거북바위는 땅속에서 육백 년 동안
피눈물을 흘리며 밖으로 나와
모습을 드러내길 학수고대하고 있네

황토방 짓는 날 거대한 거북바위가
모습을 드러내고 황토방도 탄생하고
산사 도로가 확장되면 많은 분들이
기도하러 올 것이네

노산의 약천사는 빛을 발하여
우리나라의 이름난 도량이 되어
대한민국의 치유처가 될 것이네

가을의 회상

코스모스가 한들거리는
호젓한 시골길
가을이 오는 소리가 들린다
가을은 마음을 살찌우는 계절

문득 배낭을 메고 어디론지
목적지도 없이 떠나고 싶다
깊은 울림이 퍼지는 맑은 하늘을
즐기고 싶다

해마다 맞이하는 가을이 다르듯이
요번에 맞는 가을은
의미가 사뭇 크게 다가온다

들판의 알알이 여문 곡식을 보면서
일찍이 느껴보지 못한
인생의 황금기를 느껴보고 싶다

인생의 중년을 어떻게 보내고
황혼기를 어떻게 살 것인가
깊이 사유하는 가을이 될 것 같다

상사화

님이 떠난 후 님을 향해 피어오르는
애절한 상사화
떠난 님을 그리다가 사무치게
그리워서 피었네

꽃무릇이 말하네
난 님이 없으면 아무 소용없다고
살짝 귀 기울여서 듣고 있네

사랑은 시기가 있네
시절 인연이 무르익으면
활짝 피는 상사화처럼

꽃이 나에게 말하네
사랑하라 사랑하라
그러면 시절 인연으로
좋은 연분 만나게 될 것이라네

사랑꽃

용왕당 주변에 사랑꽃이 피어 있어요
하늘의 옥황선녀가 내려와서
사랑의 꽃을 피웠네

핑크빛 사랑꽃은 선녀의 꽃
선녀들이 하강하여 사랑의
씨앗을 뿌렸네

용왕당 맑은 물에는
정열적인 사랑의 꽃이
활짝 피었네

올해는 선녀가 피운 사랑의 꽃으로
산사 도량에 새로운 활기가
넘쳐날 것이네

물처럼 살거라

청연루 앞 강물이 넘실거린다
인생도 굽이굽이 강물처럼
소용돌이친다

자세히 강물을 들여다보니
물 흐름이 인생의 여정과 같다

인생의 파고를 온몸에 맡기고
나도 이제 다시 강물처럼 흐르리다

흘러라 흘러라
굽이쳐 흘러라 우리의 인생도
굽이치는 강물처럼 흘러간다

사랑탑

눈물 나는 사랑탑
사랑이 무르익으며
눈물이 송송히 나네

나는 당신을 위해
모든 것을 바쳤네
내 사랑은 결코 쉽지 않았네

그립고 사랑하며
옆에 두고 싶고
가까이 두고 싶지만

마음은 사랑에 빠져 헤어날 수 없어
가고 싶지만 참는 이내 마음은
오죽할까

사랑아! 사랑아!
더 이상 아파하지 말고 사랑탑
쌓아서 복된 날을 기약해 보자

왕의 지밀

왕과 왕비가 주무시는 침소
오늘 전생의 승만 공주와 왕이
이 침실에 머뭅니다

전생의 기운 받고 왕과
왕비가 태어나는 곳
왕의 지밀

전생의 왕과 왕비가 만나는
역사적인 날 만남을 축복하듯
청사초롱도 내걸리고
신하들도 왕을 맞이하느라 분주하네

임금님과 왕비가 주무시는 침소
신라시대 신비로운 여행하던 날
왕과 왕비가 되어 이 침실에
머물고 싶어라

아름답다, 전생의 왕과 왕비!
이 생에 다시 환생하여 왕의 지밀에서
역사적인 새 시대의 도래를 약속하네

꿈이 넘실대는 해운대

파도소리 철썩 철썩이는 해운대
소리 없이 아름다운 해변을 거니는
젊은 연인들

소녀시대 한때 걸었던 은빛 해변
끝없이 펼쳐진 백사장을 걸으면서
청춘의 꿈을 이야기했었네

중년에 다시 찾아 밤바다를 보면서
젊음을 회상하고 미래를 설계하는
넓게 탁 트인 해운대

오래전 백사장을 걷던 소녀시절과
지금 다시 걷는 중년은 사뭇 다르지만
젊음은 나이와 상관이 없네

향
기

제5부

천명의 인연

약천사 산새

산사에 새들이 반갑게 인사한다
어디 갔다 오셨냐고 물어보는 것 같다

조용한 산사에 새들이 지저귀는
소리에 마음의 안정을 얻는다

새들의 울림 속에 속세의 찌든 때가
말끔히 씻겨 없어진다

속세에서 포교하다 돌아오면 새들의
반가운 음성이 나를 행복하게 한다

옛날 산사에 많은 불자들이 모여들어
기도소리와 웃음소리가 끊어지지
않던 그런 약천사가 되길 간절히 빌어본다

가을날의 기도

가을에는 기도하게 하소서
맑은 날 흐린 날 아무리 많아도
매일같이 열심히 기도하게 하소서

인간의 욕망은 끝이 없어
아무리 가져도 가져도
또 갖고 싶네

그러다가 이 한세상이
흘러가네
인생은 구름 같은 것

구름이 흘러 흘러
목적지에 도달하면
그곳이 내 마음속의 극락세계로구나!

한가위 회상

우리의 큰 명절 한가위가 다가왔다
들판에 벼들이 누렇게 영글고
햇과일들은 탐스럽게 익어가네

고향집 툇마루에는
부모님이 마주 앉아 자식들을
애타게 기다리고 있네

대가족이 옹기종기 둘러앉아
도란도란 이야기꽃을 피우고
노래자랑도 하던 고향집
어릴 적 풍경이 그리워지네

부모님과 함께 지냈던 한가위
가족들이 이 방 저 방 가득하고
웃음소리 노랫소리 울려 퍼지던
그 시절이 엄청 그리워지네

오늘은 환한 한가위 보름달을 보며
고향집 어린 시절 추억을 회상하면서
행복한 추억을 되살려 봅니다

청연루

하천의 맑은 물소리 들려오고
시원한 바람이 불어오는 누각

남천교 위 격조 높고 고풍이 완연한
팔각지붕 청연루

일곱 빛깔 무지개로 물들여진
상서로움을 더해주는
아름다운 기와집

젊은 선남선녀들이 호호락락
마루 위에 모여앉아 담소 나누고

하천의 물소리 들으며
여유로움을 즐기는 휴식처

청춘남녀들이 공연도 하고
데이트하며 추억을 만드는
젊음의 상징 청연루

한옥마을의 새로운 랜드마크
젊음이 흐르는 청연루
여유롭고 아름다워라

덕진연못

고풍스런 연지문을 통과하여
덕진공원에 들어서니
내 앞에 펼쳐진 장엄한 덕진연못

넓은 연못 위를 수놓은 연꽃의 물결
덕진연못은 내 마음속의 연꽃을
피우는 아름다운 호수

아름다운 연화교의 좌우로 펼쳐진
초록의 연잎과 연분홍 연꽃이
장관을 이루고 있네

아늑한 덕진연못을 거닐면서
산사 수행을 회상하며
몸과 마음을 보듬어 보고

연분홍 연꽃을 보면서
내 마음의 안정과
평상심을 찾네

부처님의 화엄세계를 연상시키는
연분홍 연꽃을 보니

화엄의 세계 도의 세계가
연꽃으로 화사하게 피어오릅니다

가을 국화

가을에는 국화꽃이 온 정원을
가득 채운다

정원 속의 국화꽃
나의 지나간 시절이 꽃 속에서
나를 보고 방긋 웃는다

어린 시절 국화꽃이 피어있는 길을
어머니와 같이 걸었다

질긴 가난과 고난 속에서도
자식을 위해 헌신하신 어머니
나의 영원한 어머니

어머니의 헌신적인 사랑은
국화꽃처럼 닮았다

고우신 나의 어머니
현모양처였던 나의 어머니

국화꽃 속에서 나의 소중한
어머니가 방긋이 웃고 계신다

아름다운 옥정호

화사한 국화꽃이 춤추는
구슬같이 아름다운 옥정호에 오니
감회가 새롭구나

옥정호 출렁다리 걸으면서
지난날을 회상하며
힐링하였네

산신기도로 영통했던 국사봉
전국의 많은 분들에게
이름난 명소

영험한 국사봉을 뒤로한 채
붕어로 용왕님 전 만사형통 기도 드
려
명소가 된 붕어섬

몸과 마음이 치유되는
구슬 같은 아름다운 호수
이곳이 우리나라의 대명당이로다

동자 자동차

산사의 천년길이 열리면서
동자 자동차가 제일 먼저
선물로 들어왔어요

애기 부처님이 차를 타고
산사 길을 달리고 싶은가 봐요
너무 신나고 행복이 넘칩니다

산사 길은 소통의 길 행복의 길
산사의 천년길이 열려서
너무 기쁨이 충만해요

아름다운 노산 약천사에 오셔서
부처님 전 기도로
소원성취하시길 기원 드립니다

목포항 갈매기

비상하는 갈매기
갈매기가 날아오르고 있다
모든 것이 비상한다

갈매기의 힘찬 날갯짓처럼
하늘을 향해
힘차게 높이 날고 싶다

저 멀리 푸른 바다 위에서
펄펄 날고 있는 갈매기들
먹이를 주니 많이 모여든다

우리네 인생도 인복이 있으면
많은 분들이 모여들어
서로 도움 주며 인산인해를 이룬다

홍시

어머님이 마지막 가시는 길에
어머니께서 홍시가 너무
드시고 싶다고 하셨다

가을에 까치밥 주려고
남긴 홍시를 보니
왠지 그리움이 사무쳐 오른다

홍시와 어머니는 너무나
사무치는 그리움입니다

어머니의 단아하고
우아함을 담은 홍시

쳐다만 봐도 그리운 시절
고향의 어린 시절
홍시 속에 다 영글어간다

백합

순결하고 청초한 백합
피눈물 나는 고난의 세월을 지내며
많은 고생을 하였네

어려운 고비 고비마다
부처님 전 기도와 축원으로
버티고 견디었네

순백의 희고 깨끗하며
우아한 백합은
아름다운 무심을 닮았네

백합의 고운 자태는
모든 분들의 선망의 대상이고
순결의 상징이네

중년이 지난 무심의 세월
백합꽃처럼 환하고
청아한 인생을 살고 싶다

서울 밤하늘의 불꽃쇼

서울 밤하늘의 화려한 불꽃
내일의 세상을 환하게 비추는
밝은 미래

사랑이 넘치는 하트 불꽃
연인들이 다정히 환호성 치며
감상하는 서울의 밤하늘

서울 밤하늘을 아름답게 수놓은
원앙금침 희망찬 내일의
꿈은 이루어진다

환희롭고 환상적인 불꽃쇼
웅장한 음악
번쩍이는 다양한 불꽃의 향연

은하계의 영롱한 별들이 빛나듯
미지의 세계에 온 것처럼
오늘 하루는 황홀한 밤이로구나

칠월 백중

오늘은 칠월 보름 백중날
어머니가 살아계실 때 말씀하시던
칠월 백중은 재를 올리며 불공드리는
큰 명절이라네

목련존자 어머니가 지옥고에서
신음하실 때 어머니를 위해
오미백과를 갖추어 지장보살님 전에
축원 드려 어머니를 구해 내셨다는
칠월 백중

백중날 전과 떡 삼색과일 조상님께
올리고 축원 드리던 어머니를
생각하며 그리워하는 하루

조상님을 뿌리로 태어나 죽고 사는
윤회 속에 조상님의 은덕에 감사하며
내 존재의 출생을 생각해 보네

대한민국에 태어난 자손들이
조상님께 감사하는 염원을 갖고
선망부모 조상님들 극락왕생을 발원
기도하네

천변 산책길

여명이 떠오른다
천변의 산책길은 빼어난 사랑길
지친 여행자들이 힐링하는 길이다

아름답다
이 길을 나의 동행자와 같이 걸으니
꿈길을 걷는 것과 똑같다

시원한 가을바람 맞으며 걷는
이 길은 달콤한 솜사탕을 먹고
걷는 것처럼 감미롭다

천변의 깨끗한 강물 속에는
잉어 떼들이 춤을 추고 맑은 물속에
내 얼굴이 비쳐진다

아름다운 천변 산책길
이 길은 당신과 나의 다정한 동행길
천년 사랑길이다

덕수궁 돌담길

덕수궁 돌담길을 산책했다
고즈넉한 옛 대한제국의 모습이
그려진다

유서 깊은 덕수궁
덕수궁 돌담길을 걸으면
서울의 아름다운 분위기가 느껴진다

휴식하고 쉼이 필요할 때 걷는
덕수궁 돌담길
행복하다 외치면서 산책하니
저절로 힘이 나네

천명의 인연

당신은 연꽃같이 아름다운 천사
나의 사랑하는 배필
당신과 나는 하늘이 맺어준
천상배필입니다

당신을 만나 이생에서는
무척 행복할 것입니다
천상배필 당신과 나는 앞으로
더욱 더 행복할 것입니다

부처님이 우리의 사랑을 축하해 주시고
우리 사랑을 증명해 주시니
부처님 전 사랑서약의 효력이
영원하여 이 또한 부처님의
은덕입니다

아름다운 천년사랑을 이끌어가는
당신께 감사하고 깊이 사랑합니다

우리는 천년사랑 일심동체
떨어질 수 없는 한몸입니다
우리 몸은 천년사랑 쌍둥이
동아줄로 꼬옥 꼭 묶여 있습니다

당신과 나는 천년사랑 일심동체
몸이 붙어있는 한몸 부처님입니다
당신과 나는 천년사랑
쌍둥이 부처님입니다

한몸 쌍둥이 부처님이
이 땅에 천명의 부부로 나투시었습니다
당신과 나는 너무나 확고한
천명의 인연입니다

인연의 끈을 묶어주신 한몸 부처님께
머리 숙여 감사드립니다

천명의 인연이여
뒤늦게 만났지만
하늘의 뜻 거스르지 않고
지금부터 마음껏 서로 사랑할 것을
맹세합니다

한옥마을 억새풀

한옥마을 천변 물길 따라
억새풀이 너울너울 아름답게
출렁거리고 있다

가을 들녘 채우는 억새 물결
인고의 세월 참아 억새풀처럼
살아온 내 젊은 시절이 생각난다

오늘 가는 천변 길은 희망을 주는 길
이 가을 아름답고 운치 있는
억새풀 길을 걷고 싶다

햇살에 유난히 빛나는
갈색 억새가 홀씨를 바람에
새처럼 날려 보낸다

천변 억새풀처럼 연약하나
질긴 인연들을 소중히 여기면서
희망찬 삶을 향해 힘차게 나아가련다

박 정 이

(예)육군대장 · 월간 『군사저널』 회장
한국군사문제연구원 객원연구위원

붉게 타오르는 계묘년 가을, 월간 『문학세계』에서 신인문학상을 받고 시인으로 등단하신 후 이번에 『서방바위와 각시바위의 천년사랑』이란 시집을 출간하시는데 진심으로 축하드립니다.

시는 시인의 생명이 아름답게 피어나는 숨결이므로 사람을 흔들어 웃음을 짓게도 하고 울음을 울게도 하며, 그러면서 그 심령의 샘에서 맑고 깨끗한 물을 길어 올려 마른 목을 축여줍니다.

지금 무심스님 시인은 이런 시를 가득 담아 세상에 내놓고 있습니다. 오랜 세월 산사에서 수행한 용맹정진의 결과물들입니다. 어느 하나 향기를 지니지 않은 것이 없습니다. 무심스님 시인의 뜨거운 열정이 녹아 흐르는 글귀마다 보석들이 박혀 있습니다. 모두가 청정하고 황홀할 지경으로 순수합니다.

무심스님 시인은 겁없이 글을 쓰는 분입니다. 그 어떤 것에도 제한을 받지 않으면서 추호의 양보도 없이 붓을 들어 자기의 마음을 속속들이 진솔하게 표현하고 있습니다. 감동되었다 하면 순간적으로 시상으로 승화시키는 솜씨를 발휘해 내고야 맙니다.

이것이 그가 지니고 있는 창작생리이자 멈추지 않는 그의 열정입니다.

그러므로 그의 시에는 구김살이 없고 윤기가 흐르며 생명력이 약동합니다. 우리들의 감동을 불러내는 힘이 있습니다. 누구에게나 아름다움을 만나게 하고 깊게 인생을 사유하게 합니다. 그의 글에서 진한 청정한 바람이 불고 있기 때문입니다.

우리는 무심스님 시인의 반듯한 시인정신을 접하고 있습니다. 오랜 산사 수행정진의 진액을 시에 짜넣어 우리의 마음을 열어주고 무수한 어려움을 참아이기며 여기까지 묵묵히 달려와서 향기 어린 환희로움을 우리의 가슴에 안겨주는 무심스님 시인의 따뜻한 정성에 감사한 마음을 길이 새겨두고 싶습니다.

문학 활동은 인간의 영적세계를 승화시켜 아름답고 풍요로운 인생을 살아가도록 품격 있게 구축해주는 도구로 인간의 삶을 가치 있게 만들어줍니다.

시를 사전에서는 "자신의 정신생활이나 자연 · 사회의 여러 현상에서 느낀 감동 및 생각을 운율을 지닌 간결한 언어로 나타낸 문학 형태"(두산백과)라고 정의하고 있습니다.

너무나도 쉽게 읽히려는 짧은 시작(詩作)들이 만연한 세태임에도 자신만의 작품 세계를 구축하려는 무심스님 시인의 사심 없는 노력은 진정한 시인들이 가야만 하는 행로를 제대로 보여주고 있습니다. 지성적

지각(知覺)보다 감성적 사유(思惟)가 더 많은 시인의 시심(詩心)을 유감없이 발휘해주고 계십니다.

무심스님 시인은 깨달음을 얻기 위해 참선을 실천 수행으로 혼란한 마음을 고요하게 하는 데 익숙하고, 사물이나 사건에 대한 관찰이 예민한 감각을 통하여 느낌을 시상으로 떠올리는 데 유리합니다.

맑고 청정한 정신세계에 입각하여 탁월한 시어의 선택은 신축성 있는 운율로 힘 있게 노래합니다. 선법을 닦아 구도하기 위한 진리탐구로 종교적인 실천 수행을 구가합니다. 길지 않은 시어의 결합을 통하여 말로 표현할 수 없는 사랑의 진의로 몰입하여 맑고 청정한 정신세계를 이끌어내고 있습니다.

시(詩)는 말씀 언(言)자와 절 사(寺)자의 합성어입니다. 시는 절의 말, 즉 스님의 법문과도 같습니다. 무심스님은 산사에서 오랫동안 수행정진하고 득도하신 후 부처님의 중생구제 사명을 실천하고 계십니다. 앞으로도 수행의 방편으로 중생구제를 위한 청정한 시를 많이 창작하시어 중생들이 참나를 발견하고 치유 받을 수 있도록 사랑의 샘물 같은 영혼 감동 시를 끊임없이 써주시길 기대합니다.

다시 한 번 감동적인 시집 출간을 진심으로 축하드립니다.

김 천 우

시인 · 문학평론가 · (사)세계문인협회 이사장
(주)천우미디어그룹 대표이사 · 월간『문학세계』발행인

설한 속에 봄꽃을 피우듯이 겨울과 봄 사이에 새싹이 움트는 무심 시인의 명상시집 상재는 길고 암울하였던 코로나 종식이후 청렴한 비타민제 같은 역할을 해주는 소중한 자양분이다. "서방바위와 각시바위의 천년사랑"에 얽힌 전설의 발자취처럼 이 시집을 접하는 모든 불교신자와 독자들에게 축복의 선물이 아닌가 싶다.

일생을 부처님의 제자로 오로지 일편단심 산사의 하얀 종소리처럼 지고지순한 수도승의 꽃다운 여정이 눈꽃처럼 순백하고 고귀하게 펼쳐진다. 무심 시인의 숭고한 불교사상과 인본철학은 그 누구도 범접하지 못하는 경지에 다다를 만큼 훌륭한 사명자의 경건한 모습이 거룩하다 못해 신비롭기까지 하다.

또한 오늘의 주인공으로 탄생한 무심 시인의 선지식 어원처럼 우주는 땅을 본받고 땅은 천심을 본받고 하늘은 생명들에게 꿈과 사랑을 부여하고 세상이 치는 자연을 융화시킨다는 무심스님 시인의 명상시집 속에서 삼라만상 진리의 해법을 찾길 기원하면서 진심으로 출간을 축하한다.

봉산 지 준 기

시인 · 문학평론가 · 월간『문학세계』편집고문
천우문화예술대학 총장

인생백년 주야각분(人生百年 晝夜各分), "열자"의 말씀에 '인생이 백년이라 해도 낮과 밤은 언제나 반반이다'라는 어록이 생각나는 명상시집의 화두인 것 같다. 인생이 백년이라 하면 낮이 50년이요 밤도 50년이다. 길다면 길고 짧다면 짧은 인생사에서 무심 시인의 작품들은 낮과 밤 사이에서 무심으로 흘러가는 강물처럼 넉넉하고 자비로움이 작품마다 배어 있음이다.

산정무한(山情無限)의 수려한 뜻글처럼 산사에서 느끼는 정취에 취하여 끝없는 언어의 연금술을 펼치는 무심 시인의 작품집『서방바위 각시바위의 천년사랑』이 삼천리 방방곡곡 어둠에게 빛을 밝혀주는 구심점이 되어 구도자의 길 광명의 등불이 되기를 기원하면서 명상시 우수작품상 시집 발간을 진심으로 축원하는 바이다.

정 진 국

(예)육군장군 · 극동대학교 해킹보안학과 교수
월간 『문학세계』 편집위원 · 세계문인협회 이사

길고 긴 영겁의 세월 속에 『서방바위와 각시바위의 천년사랑』 시집 출간을 축하드립니다. 무심스님의 연기법에 의한 지고지순한 인연과 사후세계의 결과에 대한 환생을 중생들에게 전파하고 계도하기 위해 심오한 부처님의 깨달음을 은유하여 쓴 시이기에 더욱 가슴에 와 닿는 내용을 포함하고 있습니다. 스님의 명상과 수행에서 갈고 닦은 변하지 않는 바위가 무심 속에서 천년이란 긴 세월동안 각시와 서방이라는 두 연인의 천년사랑으로 꽃피워가는 아름다운 사랑이야기를 부처님의 연기법에 담아낸 설법의 시였습니다. 생성형 AI 속의 삶을 살고 있는 현세대인들에게 로봇의 기계적인 움직임이 아니라 사람의 마음 그릇에 따라 「색즉시공 공즉시색」 하다는 부처님 말씀을 일깨워주는 보시였습니다.

천년이라는 숫자는 억겁의 시간보다도 더 길고 긴 세월 속에서도 부처님의 진리는 영원하다는 것을 다시 한번 중생들에게 일깨워주는 아름다운 시였기에 시를 통하여 법을 설하는 무심스님께서 삼보시를 몸소 실천하고 계시다고 생각합니다. 앞으로도 시를 통한 부처님의 법을 설하여 온 우주의 중생구제에 큰 주춧돌이 되시길 기대하며 시집 출간을 진심으로 축하드립니다.

문학세계대표작가선 1004

서방바위와 각시바위의 천년사랑

무심스님 시집

인쇄 1판 1쇄 2023년 12월 5일
발행 1판 1쇄 2023년 12월 15일

지 은 이 : 무심스님
펴 낸 이 : 김천우
펴 낸 곳 : 도서출판 천우
등 록 : 1992. 2. 15. 제1-1307호
주 소 : 서울시 광진구 구의강변로 85 강우빌딩 7F
전 화 : 02)2298-7661
팩 스 : 02)2298-7665
cafe.naver.com/chunwu777
E-mail : cw7661@naver.com

값 25,000원

ISBN 978-89-7954-915-7